⚓ Ostfriesland Verlag – SKN

# Adventstied

## 24 Vertellsels up Platt un Hoogdüütsk för elke Jahr

Texte von Reinhard Ellsel, Lübbecke, für die Adventszeit
in Lyrik und Prosa zu Figuren der Weihnachtskrippe

Übersetzungen ins Plattdeutsche von Wilfried Zilz, Schwarmstedt / Aurich

Bilder aus ausgewählten Kirchen auf der ostfriesischen Halbinsel,
fotografiert von Ute Bruns und Martin Stromann

Ein Engel an der Rohlfs-Orgel in der evangelisch-reformierten Kirchborgumer Kirche.

# Inhalt

Weihnachtliche Stimmung in der
evangelisch-lutherischen Kirche in Dunum.

# Die Weihnachtskrippe

Weihnachtskrippen üben eine besondere Anziehungskraft aus.

Ich schaue sie mir gerne an – in einer zur Weihnachtszeit festlich geschmückten Kirche, in einer Wohnstube.

„Es begab sich aber zu der Zeit ...": Weihnachtskrippen stellen die weltweit bekannteste Geschichte dar. Gott wird Mensch. Er kommt als Baby zur Welt. Und seine Eltern Maria und Josef haben für das kleine Jesuskind keinen anderen Platz als eine Futterkrippe, in die sie es legen können. Denn sie sind gerade erst in Bethlehem angekommen. Wegen einer Volkszählung, die der römische Kaiser Augustus angeordnet hatte, waren sie unterwegs (vgl. Lukas 2).

Die Krippe, die als erstes Bett für den Erlöser der Welt dient, bezeichnet in der deutschen Sprache auch – als Teil für das Ganze – die gesamte Szene: den Stall mit Maria und Josef, mit Jesus in der Futterkrippe, mit Ochse und Esel, mit Hirten und Schafen und mit den drei weitgereisten Königen. Manchmal gibt es auch noch einen Engel zu sehen und einen Stern. Manchmal noch Kinder und Erwachsene.

Alle Weihnachtskrippen, egal ob aus Holz oder Ton, aus Metall oder Kunststoff, zeigen die gleiche anrührende Szene: In aller Unbehaustheit gibt es ein Zuhause. Gott wird Mensch und schafft sich eine Familie – eine heilige Familie, zu der jeder und jede gehören darf. Und auch ich.

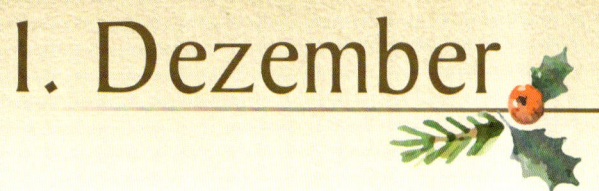

## De Wiehnachtskrübb

Wiehnachtskrübben sünd heel wat Besünners för mi. Daar kann ik neet an vörbilopen.

Geern kiek ik mi Krübben, de festelk mooimaakt worden sünd, in Karken un ok in Wohnstuven an.

„As de Kaiser Augustus in Rom an 't Regeren was …" – Wiehnachtskrübben wiesen de Geschicht, de elk un een up de hele Welt kennt. Gott word Minsk. He kummt as lüttje Kind up de Welt. Un sien Ollen Maria un Josef hebben för dat lüttje Jesuskind keen Bott, blot en Foorkrübb, in de se hum leggen könen. Dat liggt daaran, dat se nettakkeraat in Bethlehem ankomen sünd. De Achtergrund is de, dat dat Volk tellt worden sull. Dat harr de röömske Kaiser anörnt. Daarum wassen se unnerwegens (Lukas 2).

De Krübb, de as dat eerste Bedd för de Heiland deent, steiht in de düütske Spraak ok för de hele Szene: för de Stall mit Maria un Josef, mit Jesus in de Foorkrübb, mit Oss un Esel, mit de Heerders un de Schapen un mit de dree Könengs, de so wied reist sünd. Of un to gifft dat ok en Engel to sehn un en Steern, mitunner ok Kinner un groot Lüü.

All Wiehnachtskrübben wiesen, egaal of se nu ut Holt of Klei, ut Metall of Kunststoff sünd, de gliek Szene, de de Minsken to Harten geiht: In all dat Dörnanner in uns Levend gifft dat en Tohuus. Gott sülvst word Minsk un maakt sük en Famielje to egen – en hillig Famielje, to de elk un een hören dürt. Ik ok.

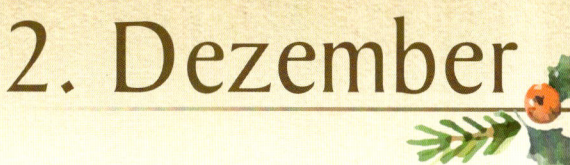

# 2. Dezember

## Gespräch an der Krippe

„Gott hat uns lieb!"
Diese einfache Wahrheit
will zu Weihnachten
unsere Herzen erobern.
– Mehr nicht?
Ja, gibt es denn mehr?
– Und was kann ich
mir dafür kaufen?
Nichts! Aber
alles wird uns
damit geschenkt!

## Prootje an de Krübb

„Gott hett uns leev!"
Disse slichte Wahrheid
will an Wiehnachten
uns Harten innehmen.
– Mehr neet?
Ja, gifft dat denn noch mehr?
– Un wat kann ik
mi daarför kopen?
Nix! Man daar
word uns alls
mit schunken!

Eine festlich beleuchtete Krippe
in der evangelisch-lutherischen
Kirche Zum gutem Hirten in
Münkeboe-Moorhusen.

Die Doppelmadonna im Strahlenkranz aus dem 15. Jahrhundert in der evangelisch-lutherischen Martin-Luther-Kirche Bagband.

# Maria

Kein Wunder, dass sie es zunächst kaum glauben konnte. In der galiläischen Kleinstadt Nazareth war ihr plötzlich der Engel Gabriel erschienen (Lukas 1,26–38).

Der Bote Gottes hatte ihr verkündigt, dass Gott seinen Sohn in diese Welt senden werde, um seinem Volk Israel zu helfen. Und sie, Maria, sei dazu auserwählt, den Sohn Gottes zur Welt zu bringen. Maria erschrak. Warum wollte Gott seinen Sohn ausgerechnet in ihrem Leib heranwachsen lassen?

Sie hatte doch noch mit keinem Mann geschlafen – auch nicht mit Josef, ihrem Verlobten. „Bei Gott ist kein Ding unmöglich", gab ihr darauf der Engel zur Antwort und wies sie auf ihre hochbetagte Verwandte Elisabeth hin: Die sei jetzt im sechsten Monat schwanger. Maria willigte ein. Für sie begann eine unruhige Zeit. Würde Josef zu ihr halten?

Für drei Monate reiste sie zu Elisabeth. Die Gespräche dort stärkten ihr den Rücken. Dann kam die Kunde, dass sie mit Josef nach Bethlehem reisen musste: Volkszählung. Immerhin: Josef stand zu ihr.

Jetzt hat sie Jesus zur Welt gebracht – unter widrigen Verhältnissen in Bethlehem. Da stellen sich Hirten ein. Sie sagen, ihnen sei ein Engel erschienen und hätte ihnen verkündigt: „Euch ist heute der Heiland geboren!"

Maria wird dieses alles fest in ihrem Herzen bewahren.

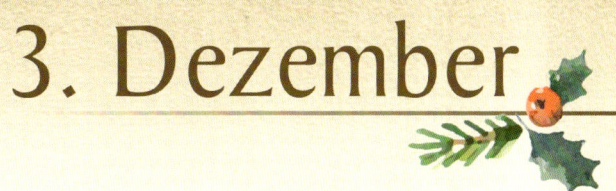
## Maria

Dat mutt uns neet verwunnern, dat se 't haast neet glöven kunn: In de lüttje Stadt Nazareth in Galiläa geböhrde dat, tomaal stunn de Engel Gabriel vör hör (Lukas 1,26 – 38).

De Bood van Gott harr hör seggt, dat Gott sien Söhn in disse Welt stüren wull, um sien Volk Israel to redden. Un se, Maria, was daarto utköört worden, dat Kind up de Welt to brengen. Maria verfehrde sük up de Dood. Woso wull Gott sien Söhn utrekent in hör Liev heranwassen laten?

Se harr ja noch nooit neet mit en Mann slapen – ok neet mit Josef, mit de se verloovt was. „Bi Gott gifft dat nix, wat neet mögelk is", gaff hör de Engel as Antwoord un vertellde van hör Verwandte Elisabeth: De was ja nu ok al in de sessde Maant swanger. Maria see „ja" to Gott sien Plaan. För hör fung en stuur un unrüstig Tied an.

Würr Josef to hör hollen? Se reisde för dree Maanten na Elisabeth. Dat, wat sük de beid Fraulüü to seggen harren, gaff Maria Kracht. Denn kweem de Böskupp, dat se mit Josef na Bethlehem reisen muss: Dat Volk sull tellt worden. Tominnst leet Josef hör daar neet mit sitten.

Nu hett se Jesus up de Welt brocht – mit vööl Tegenstötten in Bethlehem. De Heerders komen binnen. Se seggen, dat en Engel bi hör komen was un verkünnigt harr: „Vandaag is de Heiland geboren!"

Maria hollt dat alls fast in hör Hart.

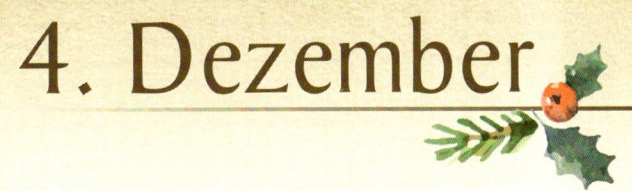

## Maria

Alle deine
Träume und Pläne
durchkreuzt.

Warum?
Warum du?
Ist das nicht
zuviel des Guten?

Was würde ich
machen
an deiner Stelle?

Du vertraust
deinem Engel.
Du gibst dich hin
dem Gott,
der auf krummen Wegen
gerade schreibt.

Du bist die Mutter
des Glaubens
für mich.

## Maria

All dien
Drömen un Planen
dörkrüüzt.

Waarum?
Waarum du?
Is dat neet
tovööl van dat Gode?

Wat würr ik
maken
an dien Stee?

Du smittst Di up
dien Engel.
Du verlettst Di up
de Gott,
de liek schrieven deit,
ok wenn de Weg scheev un krumm is.

Du büst de Moder
van de Gloov
för mi.

Maria, Mutter Jesu: Die Geburt Christi als
Altarszene in der evangelisch-lutherischen
Kirche Johannes der Täufer in Engerhafe.

Ein Höhepunkt im Veranstaltungskalender der Küstenstadt Norden: Immer im Advent führt die Niederdeutsche Bühne das mit vielen Tieren und Darstellern aufwendig inszenierte „Lebennig Krippenspill" unter freiem Himmel auf dem historischen Marktplatz auf.

# Josef

„Nicht viel reden, sondern handeln!", scheint sein Lebensmotto gewesen zu sein. Die Bibel überliefert uns kein Wort, das Josef, der Zimmermann, gesagt hat. Aber weil es in dieser Sache auf ihn ankam, stand er zu seiner Verlobten Maria und zu dem Kind. Er besorgte die Notunterkunft in Bethlehem. Er floh mit nach Ägypten. Umsichtig bereitete er die Rückkehr nach Israel vor, nach Nazareth. Dabei hätte es sich Josef nicht träumen lassen, dass ausgerechnet seine Verlobte schwanger wurde. Wer weiß von wem? Jedenfalls nicht von ihm. Dies hätte ihn beinahe aus der Bahn geworfen. Das ging gegen das Gesetz. Und er hatte Maria doch lieb. Das ging gegen seine Ehre. Und da wollte er lieber gehen.

Was er dann aber tatsächlich träumte, brachte ihn wieder ins Lot. Ein Engel machte ihm klar, dass alles seine Ordnung habe – eine höhere Ordnung (Matthäus 1,20 – 23).

Das Kind, das in ihrem Bauch heranwuchs, würde eines Tages der Retter Israels sein. Josef sollte ihm deshalb den Namen „Jesus" geben, das heißt: „Gott hilft". Zunächst aber käme es auf seine Mithilfe an. Und so hat Josef die Sache zu seiner Angelegenheit gemacht. Schließlich wusste er, was er sich schuldig war – als ein Nachkomme von König David. So hat auch Josef seinen festen Platz in der Geschichte Gottes mit den Menschen.

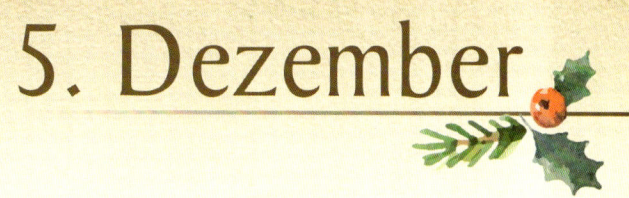

## Josef

„Neet vööl proten, futt hanneln!", dat schient dat Motto van sien Levend west to wesen. De Bibel seggt uns neet een Woord, dat Josef, de Timmermann, seggt hett. Man umdat dat in disse Saak up hum ankweem, hull he to sien Maria – de harr he sük versproken – un to dat Kind. He kümmerde sük um dat Noodquarteer in Bethlehem. He gung mit na Ägypten, as dat daarum gung, uttobüxen. Mit Sinn un Verstand bereidde he de Weg torügg na Israel, genauer seggt na Nazareth, vör. Nooit neet harr he sük drömen laten, dat jüüst sien Verloovde swanger wurr. Well weet van well? Van hum in keen Fall. Dat harr hum haast van d'Padd ofkomen laten, umdat dat doch tegen dat Gesetz verstöten dee. Un he harr Maria doch so leev. Dat gung tegen sien Ehr. Un daarum wull he lever gahn. Man wat he denn dröömde, dat broch sien Levend weer up Vördermann. En Engel verklaarde hum, dat alls up Stee was – Gott harr dat so wullt (Matthäus 1,20 – 23).

Dat Kindje, dat Maria unner hör Hart droog, würr enes Daags de Redder van Israel wesen. Josef sull hum de Naam „Jesus" geven, dat bedütt: „Gott helpt". Man toerst würr dat up sien Stütt un Stöön ankomen. Un so hett Josef de Saak sülvst in sien Hannen nohmen. He wuss ja, wat he sük, as en Nakomer van de Köneng David, schüllig was. So hett ok Josef sien fast Stee in de Histoorje van Gott mit de Minsken kregen.

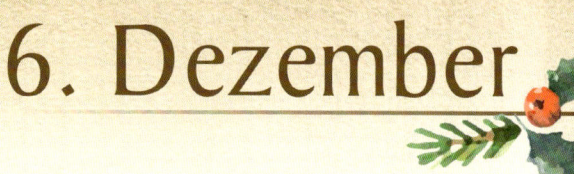

# 6. Dezember

## Josef

Tief reichen
deine Wurzeln
in den Grund
des Urvertrauens.

An deine Schulter
kann ich mich anlehnen.
Bei dir habe ich
keine Angst.
Du weißt
Rat und Tat.

Du bist
die Zuverlässigkeit
in Person.

## Josef

Deep langen
dien Wuddels
in de Grund
van dat Tovertrauen.

An dien Schuller
finn ik Stütt un Stöön.
Bi di bün ik
neet bang.
Du weetst alltied
Raad un Daad.

Up di
kann ik mi verlaten
as up keen anner.

Spätgotischer Flügelaltar aus
dem 15. Jahrhundert in der
evangelisch-lutherischen
St.-Paulus-Kirche in Filsum.

Szene aus dem Schnitzaltar in der evangelisch-lutherischen St.-Florian-Kirche in Funnix.

## Ochse und Esel bei der Weihnachtskrippe

Wie selbstverständlich gehören sie zu einer Weihnachtskrippe dazu: Ochse und Esel. Aber warum? In den biblischen Weihnachtsgeschichten werden sie nicht erwähnt. Der Evangelist Lukas schreibt nur, dass Maria „ihren ersten Sohn in Windeln wickelte und in eine Krippe legte; denn sie hatten sonst keinen Raum in der Herberge" (Lukas 2,7). Diese Bemerkung deutet darauf hin, dass Jesus in einem Stall oder einer geräumigen Höhle zur Welt gekommen ist, in der wohl auch Tiere mit untergebracht waren. Warum aber haben wir in unseren Krippendarstellungen ausgerechnet einen Ochsen und einen Esel? Warum nicht zum Beispiel eine Kuh oder ein Pferd? Die Antwort findet sich im Alten Testament. Die ersten Christen haben das Alte Testament als einen Fingerzeig auf Jesus hin verstanden. Zu Beginn des Jesajabuches lässt Gott seinem Volk Israel folgende kritische Botschaft ausrichten: „Ein Ochse kennt seinen Herrn und ein Esel die Krippe seines Herrn; aber Israel kennt`s nicht, und mein Volk versteht`s nicht" (Jesaja 1,3). Wie ein besorgter Vater klagt Gott über sein geliebtes Volk Israel: Ochse und Esel wissen, wo sie zu Hause sind. Aber seine Menschen setzen ihre Heimat bei Gott fahrlässig aufs Spiel.

## Oss un Esel an de Wiehnachtskrübb

Dat versteiht sük haast van sülvst, dat se daar mit tohören: Oss un Esel. Man waarum? In de Wiehnachtsgeschichten in de Bibel fehlen se. De Evangelist Lukas schrifft blot, dat Maria „hör eerste Kind in Luren wickelde un in en Krübb leggde. Anners harren se keen Bott in de Harbarg funnen" (Lukas 2,7). Disse Anmarken verwiest daarup, dat Jesus in en Stall of in en groot Höhl up de Welt komen is, in de wall ok Deren unnerbrocht wassen. Man waarum sünd in uns Krübben utrekent Ossen un Esels? Waarum neet – as Bispööl – en Kohdeer of en Peerd? De Antwoord finnen wi in dat Oll Testament. De eerste Christen hebben dat Oll Testament as en Wiespahl up Jesus hen verstahn. To Begünn van dat Jesaja-Book lett Gott sien Volk Israel disse mall Böskupp utrichten: „En Oss kennt sien Heer un en Esel de Krübb van sien Heer. Man Israel weet dat neet un mien Volk versteiht dat neet" (Jesaja 1,3). As en Vader, de sük Sörgen maakt, klaagt Gott over sien Volk, dat he leev hett: Oss un Esel weten, waar se to Huus sünd. Man de Minsken setten hör Heimaat bi Gott lichtsinnig up 't Spööl.

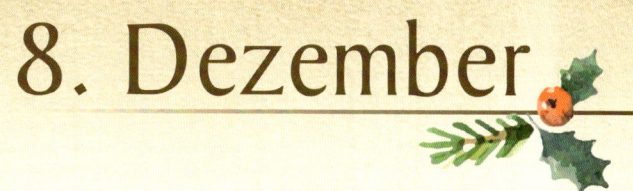

## Der Ochse

Unsereiner ist bestimmt
kein Spielverderber.
Aber wer soll das aushalten?
Remmidemmi die halbe Nacht.
Erst stöhnt die Frau,
dann schreit das Kind.
Der Mann nimmt dir
den Futtertrog weg,
damit das Kleine
ein Bett hat.
Du sollst dem Ochsen,
der da drischt,
nicht das Maul verbinden,
heißt es doch in der Bibel.
Und solch unheiligen Leuten
soll unsereiner
den Stall warm machen?
Jetzt klopft es auch noch
an der Tür!
Erzählt mir jetzt bitte nicht
das Blaue vom Himmel!

## De Oss

Ik bün seker
keen Spöölverdarver.
Man well sall dat uthollen?
Wat för en Lawai de halve Nacht!
Toeerst stennt de Frau.
Denn brullt dat Kind.
De Mann nimmt di
de Foortrog weg,
umdat dat Tittkind
en Bedd bruukt.
Du sallst de Oss,
de dösken deit,
neet dat Muul tobinnen.
So heet dat doch in de Bibel.
Un för sükse unhillig Lüü
sall ik
de Stall warm hollen?
Nu kloppt daar ok noch well
an de Döör!
Vertellt mi nu bitte neet
dat Blau van d'Himmel!

Um das Jahr 1480 entstanden:
der Passionsaltar im Chor der
lutherischen St.-Ansgari-Kirche in
Hage im weihnachtlichen Glanz.

Der Altar in der evangelisch-lutherischen Kirche in Engerhafe mit Christi Geburt (unten), dem Abendmahl (Mitte), der Kreuzigung und Auferstehung (oben).

# Ochse und Esel

Vom Ochsen und vom Esel kann ich lernen, wie das geht:
Einfach mit dabei zu sein und Weihnachten an mir geschehen zu lassen.

Ochse und Esel haben große Ohren.
Auch ich will in diesen Tagen meine Ohren weit aufmachen und gut hinhören auf das, was Gott mir und meinen Mitmenschen durch die Geburt von Jesus Gutes tut.

Der Ochse ist ein Wiederkäuer. Ich kann die Weihnachtsbotschaft in mir lebendig werden lassen, indem ich diese Worte immer wieder lese, höre und bedenke. So, wie es auch von Maria in der Weihnachtsgeschichte gesagt wird: Sie „aber behielt alle diese Worte und bewegte sie in ihrem Herzen" (Lukas 2,19).

Und von dem Esel kann ich lernen, dass es oftmals nur schlicht darum geht, die Lasten, die mir auferlegt sind, zu tragen. Ich brauche nicht unwillig oder störrisch zu werden. Ich kann meinem Herrn vertrauen: „Gott legt uns eine Last auf, aber er hilft uns auch" (Psalm 68,20).

Weglaufen, ausbrechen, die Türen verschließen: Das alles hilft mir nicht weiter.

Dort, an der Krippe, wo Jesus geboren ist; wo Gottes Liebe zur Welt kam – dort ist auch mein Platz, mein Zuhause. Hier kann ich zur Ruhe kommen. Hier schenkt Gott mir all das, was ich zum Leben brauche.

Bei Gott bin ich daheim. Überall, wo ich mich gerade auch aufhalte.

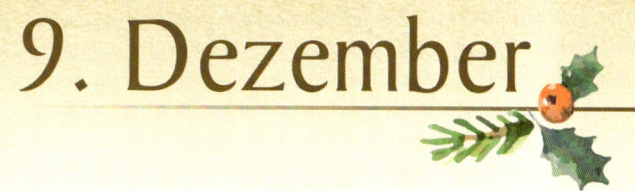

## Oss un Esel

Van de Oss un van de Esel kann ik lehren,
wo dat geiht:
Eenfach daar mit bi to wesen, Wiehnachten
geböhren to laten.

Oss un Esel, beid hebben groot Ohren.
Ok ik will an disse Dagen mien Ohren wied
openrieten un good up dat lüstern, wat Gott
mi un mien Mitminsken dör de Geburt van
Jesus to seggen hett.

En Oss, de sük sien Pans vullfreten hett, leggt
sük hen to neerkauen. So kann ok ik de Böskupp
van Wiehnachten in mi lebennig worden laten,
wenn ik disse Woorden allmanan weer lesen,
hören un bedenken doo. So as dat ok van Maria
in de Wiehnachtsgeschicht seggt word: Se „aver
behull all disse Woorden un leet hör alltied weer
dör hör Hart gahn" (Lukas 2,19).

Un van dat Langohr kann ik lehren, dat dat faak
eenfach daarup ankummt, de Lasten, de up mi
liggen, to dragen. Daar bruuk ik neet koppsk un
diesig bi worden. Ik kann mi up mien Heer
verlaten: „Gott leggt en Packje up uns, man he
helpt uns ok" (Pessalm 68,20).

Weglopen, utbreken, de Dören verrammeln:
All dat helpt mi neet wieder.

Daar, an de Krübb, waar Jesus geboren is; daar,
waar Gott sien Leevde up de Welt kweem – daar
is ok mien Stee, mien Tohuus. Hier kann ik mi
verpuusten. Hier gifft Gott mi all dat, wat ik för
mien Levend bruuk.

Bi Gott bün ik burgen. Overall, nettgliek, waar ik
jüüst bün.

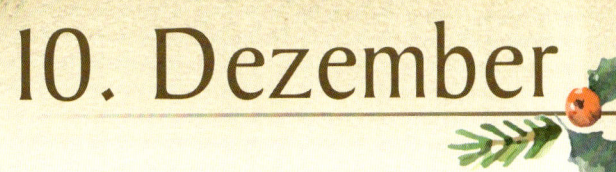

## Der Esel

Mit mir kannst du
keinen Krieg gewinnen.
Aber ich kann
viele Lasten für dich tragen.
Sogar dich.
Ich habe meine Schwächen.
Aber ich bin zäh.
Ich brauche nicht viel,
aber ab und zu eine Pause,
Schlaf und Futter.
Deshalb habe ich
an der Krippe
meinen Platz.
Und wo schöpfst du
neue Kraft?

## De Esel

Mit mi kannst du
keen Krieg winnen.
Man ik kann
vööl Lasten för di dragen.
Sogaar di sülvst.
Allto stark bün ik neet.
Man ik bün taai.
Ik bruuk neet vööl,
blot of un to Tied,
um mi to verpuusten,
Slaap un Foor.
Daarum hebb ik
an de Krübb
mien Stee.
Un van waar kriggst du
neei Kracht?

Der Schnitzaltar in der Kirche
in Funnix ist mit 17 Szenen und
105 Figuren zur Kindheit und
Passion Jesu ausgestattet.

# Die Engel

Die Engel verkündigen uns den Frieden Gottes. Auf den Feldern um Bethlehem erscheint den Hirten mitten in der Nacht ein Engel und er verkündigt ihnen die Geburt des Messias. Und dann heißt es (Lukas 2,13.14): „Und alsbald war da bei dem Engel die Menge der himmlischen Heerscharen, die lobten Gott und sprachen: Ehre sei Gott in der Höhe und Friede auf Erden bei den Menschen seines Wohlgefallens."

Der Lobgesang der Engel ist sozusagen das erste Weihnachtslied, das gesungen worden ist. Auch damals ist es von den Engeln gesungen worden trotz allen Unfriedens, den es auf der Erde gab und in den Herzen vieler Menschen: „Ehre sei Gott in der Höhe und Friede auf Erden bei den Menschen seines Wohlgefallens." Im Himmel findet die erste Weihnachtsfeier statt. Die Engel sind um Gott versammelt und feiern die Geburt von Jesus.

Mit dem Lobgesang der Engel schauen wir in das Herz Gottes. Nicht direkt sehen wir in Gottes Herz, sondern indirekt – wie in einem Spiegel.

Wir erkennen, was sich Gott mit der Geburt seines Sohnes gedacht hat. „Ehre sei Gott in der Höhe und Friede auf Erden bei den Menschen seines Wohlgefallens." Wie eine Überschrift stehen diese Worte über dem Leben des neugeborenen Kindes von Bethlehem. In Jesus ist der himmlische Frieden zur Erde gekommen.

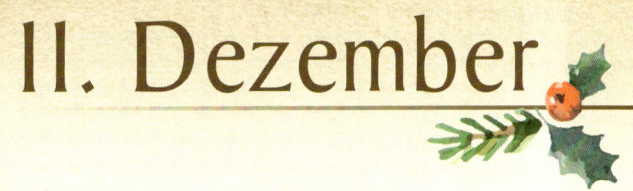

## De Engels

De Engels doon uns de bliede Böskupp kund van Gott sien Free. Middent in de Nacht is up de Felden van Bethlehem tomaal en Engel to sehn, de van de Geburt van de Messias vertellt. Un denn heet dat in Lukas 2,13 bit 14: „Un futt was bi de een Engel en groot Rummel van de Heerscharen ut de Himmel, de presen Gott un seen: Ehr wees Gott in de Höchte un Free up de Eer bi de Minsken, an de he sien Vermaak hett."

Disse Loffgesang is sotoseggen dat eerste Wiehnachtsleed, dat sungen worden is. Ok damaals gaff dat vööl Unfree up de Eer un in de Harten van de Minsken, un doch sungen de Engels: „Ehr wees Gott in de Höchte un Free up de Eer bi de Minsken, an de he sien Vermaak hett." De eerste Wiehnachtsfier finnt also in de Himmel statt. De Engels sünd bi Gott all tohoop un fieren de Geburt van Jesus.

Mit de Loffgesang van de Engels kieken wi in Gott sien Hart. Neet pielliek kieken wi in Gott sien Hart, man so as in en Spegel.

Wi kriegen to weten, wat sük Gott mit de Geburt van sien Söhn docht hett. „Ehr wees Gott in de Höchte un Free up de Eer bi de Minsken, an de he sien Vermaak hett."
As en groot Overschrift stahn de Woorden over dat Levend van dit lüttje Kind. Mit Jesus is de Free ut de Himmel up de Eer komen.

Die Orgel der Brüder Rohlfs aus dem Jahr 1877 mit flankierenden Engeln in der evangelisch-reformierten Kirche in Kirchborgum.

# 12. Dezember

## Engel

Ein erleuchtender Wink.
Eine bewahrende Hand.
Ein ermunterndes Lied.

Unerwartet.
Plötzlich da.
Irgendwoher.

Gesandt aus einer anderen Welt.
Licht und stark und warm.
Ganz nah.

## Engel

En Wiespahl, de de Weg wiest.
En Hand, de schuult.
En Leed, dat Mood maakt.

Unverwacht.
Tomaal is 't so.
Enerwaars her.

Stüürt ut en anner Welt.
Lecht un krachtig un warm.
Stuuv bi di.

St.-Martinus-Kirche-Etzel: Der Altar von 1711 in weißer Fassung zeigt in fünf Szenen den Lebenslauf Jesu.

Ein Kind ist uns gebohren ein

Altar von 1698 mit der Geburt Jesu in der Johannes-der-Täufer-Kirche in Engerhafe.

Weihnachtskrippen führen den Menschen vor Augen,
in welcher Armut der Sohn Gottes auf die Welt kam.
Diese ist von Krippenbauer Hinrich Uphoff
aus Neu-Barstede (Ihlow).

# Hirten

Wie gut, dass die Hirten gesagt haben: „Lasst uns nach Bethlehem gehen und nachsehen, was Gott uns bekannt gemacht hat!" (Lukas 2,15).

Wie gut, dass die Neugierde bei den Hirten stärker war als die Frage, ob sie denn gut genug sind für das Gotteskind. Randsiedler der Gesellschaft, die sie waren. Wie gut, dass die Hirten gleich losgingen und dass sie sich nicht von der Müdigkeit überwältigen ließen, die ihnen in den Knochen steckte.

Wie ärgerlich wäre es dagegen gewesen, wenn sie das Kind in der Krippe nicht gesehen hätten. Dann hätten sie nicht erfahren, dass Gott Mensch geworden ist. Auch nicht, dass Gott wirklich mit jedem Menschen etwas Gutes vorhat. Mit den Jungen und mit den Alten, mit den Reichen und mit den Armen.

Aber die Hirten sind nach Bethlehem gegangen! Sie haben nachgeprüft, dass der Engel ihnen tatsächlich die Wahrheit gesagt hat. Das hat sie von Herzen froh gemacht. Und ganz nebenbei machen die Hirten Maria und Josef darin gewiss, dass ihr Kind der angekündigte Heiland der Welt ist. So hatte es ihnen der Engel gesagt: „Heute ist für euch der Heiland geboren. Das Kind liegt, in Windeln gewickelt, in einer Futterkrippe" (Lukas 2,11.12).

Wie gut, dass die Hirten gesagt haben: „Lasst uns nach Bethlehem gehen!" Dadurch sind sie für mich ein Vorbild im Glauben geworden.

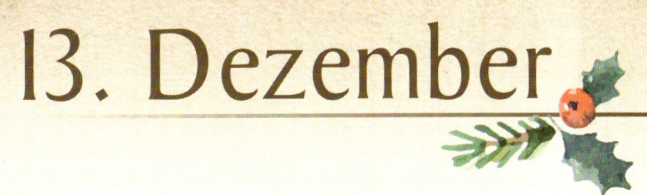

# Heerders

Man good, dat de Heerders seggt hebben:
„Laat uns man na Bethlehem lopen un kieken,
wat Gott uns kunddaan hett!" (Lukas 2,15).

Man good, dat de Heerders so neeisgierig
wassen. Se hebben sük neet fraagt, of se
good genoog wassen för dat Gottskind.
Se stunnen an d'Rand van de Gesellskupp.
Man good, dat de Heerders futt lostrucken
sünd un dat se neet meent hebben, se wassen
to mööi för de Weg, de vör hör lagg.

Harren se dat Kind in de Krübb neet to sehn
kregen – dat was mehr as spietelk west.
Se harren neet to weten kregen, dat Gott Minsk
worden is. Ok neet, dat Gott dat würkelk mit
elk un een to doon hebben will. Mit de jung
Lüü un mit de ollen, mit de rieken un mit de,
de nix in de Sopp to krömen hebben.

Man de Heerders sünd na Bethlehem lopen!
Se hebben sük daarvan overtüügt, dat de Engel
hör würkelk de Wahrheid seggt hett.
Dat hett hör heel un dall bliede maakt.
Un nebenbi geven de Heerders Maria un
Josef de Sekerheid, dat hör Kindje de ankünnigt
Heiland van de Welt is. So harr de Engel hör dat
seggt:„Vandaag is för jo de Heiland upstahn.
Dat Kind liggt, inwickelt in Luren, in en
Foorkrübb" (Lukas 2,11 un 12).

Man good, dat de Heerders seggt hebben:
„Laat uns man na Bethlehem lopen!" Daardör
sünd se för mi en Vörbild in d'Gloov worden.

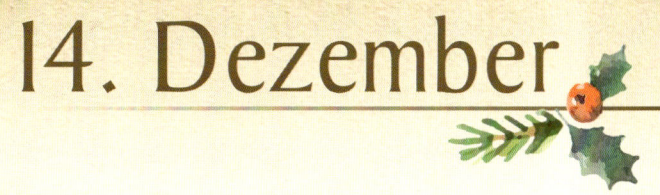
## Ausgerechnet Hirten

Ausgerechnet Hirten
bekommen von Engeln Besuch.

Ausgerechnet Randsiedler
hören die zentrale Botschaft.

Ausgerechnet heimatlose Gesellen
suchen das neugeborene Kind auf.

Ausgerechnet zwielichtige Gestalten
bestärken die Eltern in ihrer Ahnung.

Ausgerechnet Leute, die ab und zu fluchen,
loben und preisen Gott.

Gott wurde Mensch –
ausgerechnet für mich.

## Utrekent Heerders

Utrekent Heerders
kriegen van de Engels Visiet.

Utrekent utstött Lüü
hören de bliede Böskupp.

Utrekent Gesellen sünner Heimaat
söken dat neeigeboren Kind.

Utrekent Lüü ut dat Tweedüüstern
geven de Ollen Stütt un Stöön.

Utrekent Lüü, de ok maal flöken,
loven un priesen Gott.

Gott is Minsk worden –
utrekent för mi.

Die evangelisch-lutherische
Kirche Zum gutem Hirten in
Münkeboe-Moorhusen erstrahlt
in weihnachtlichem Glanz.

Der Heilige Franziskus von
Assisi soll bei einer Predigt
am 25.12.1223 die Idee zu
einer Art Weihnachtskrippe
gehabt haben.

## Schafe

„Und es waren Hirten in derselben Gegend auf dem Felde bei den Hürden, die hüteten des Nachts ihre Herde" (Lukas 2,8).
Schafe gehören zu einer Weihnachtskrippe. Denn wo Hirten sind, da sind auch Schafe. Manche Krippendarstellungen zeigen die Hirten, wie sie die Schafe vor den Feldern von Bethlehem hüten. Mit den Hirten erschrecken die Schafe beim Auftreten des Engels, der die Nacht taghell erleuchtet. Die meisten Krippendarstellungen aber zeigen Hirten, die zum Stall nach Bethlehem geeilt sind, um den neugeborenen Erlöser der Welt anzubeten. Dabei haben sie auch ein paar Schafe mitgenommen. Manchmal werden Schafe gezeigt, die einfach mit dabei sind, vielleicht aus Neugierde. Manchmal sieht man ein Lamm, das ein Hirte der Heiligen Familie schenkt. Besonders anrührend ist die Darstellung von einem schwachen Schaf, das von einem Hirten auf den Schultern zu Jesus getragen wird. Hirten und Schafe sind um das kleine Jesuskind versammelt, das einmal als erwachsener Mann von sich sagen wird: „Ich bin der gute Hirte. Meine Schafe hören meine Stimme und ich kenne sie, und sie folgen mir; und ich gebe ihnen das ewige Leben" (Johannes 10,11.27.28).

## Schapen

„Un daar wassen Heerders in desülvig Kuntrei up 't Feld bi hör Schapen, up de se snachts uppassden" (Lukas 2,8).
Schapen hören mit to de Wiehnachtskrübb. Dat versteiht sük ja: Waar Heerders sünd, sünd ok Schapen. Mennig Krübbenbiller wiesen de Heerders, wo se up de Schapen up de Felden in Bethlehem un rundumto uppassen. Tosamen mit de Heerders verfehren sük ok de Schapen, as de Engels komen un de Nacht lecht word as de Dag. Man de meeste Krübbenbiller wiesen Heerders, de ielig na de Stall in Bethlehem lopen sünd, um dat Kindje as de Heiland van de Welt antobeden. Daarbi hebben se ok en paar Schapen mitnohmen. Mitunner worden Schapen wesen, de eenfach so daar mit bi sünd, villicht, umdat se neeisgierig sünd. Mitunner sücht man en Lamm, dat de hillig Famielje as Geschenk overgeven word. Besünners doon mi de Biller anröhren, up de en swack Schaap to sehn is, dat van en Heerder up sien Schullers na Jesus hen dragen word. Heerders un Schapen versammeln sük um Jesus. As vullwussen Mann seggt disse Jesus: „Ik bün de gode Heerder. Mien Schapen hören mien Stimm. Ik kenn hör un se folgen mi. Ik geev hör dat ewig Levend" (Johannes 10,11 un 27 bit 28).

## Das Schaf

Gerne mit anderen zusammen sein
und sich gutmütig
nützlich machen;
aber auch neugierig
durch die Welt streifen,
Abenteurer erleben wollen;
sich manchmal verirren
und verheddern;
Angst haben
und Hilfe benötigen,
einen guten Hirten.
Typisch Mensch.

## Dat Schaap

Geern mit annern tosamen wesen
un sük goodmodig
för annern stark maken;
man ok neeisgierig
dör de Welt dwalen,
Aventüren beleven willen;
of un to van de Padd ofkomen
un sük vertüdeln;
bang wesen
un Hülp nödig hebben,
en good Heerder.
Typisk Minsk.

Die Pfeifen der 1861/62 erbauten
Orgel der evangelisch-lutherischen
St.-Marien-Kirche in Nesse spiegeln das
Licht des Weihnachtsbaumes wider.

Reich verziert: Der spätgotische Holzschnitzaltar aus dem 15. Jahrhundert in der St.-Marien-Kirche in Buttforde.

Er zeigt Darstellungen aus dem Leben Jesu: die Geburt Christi (l.), die Anbetung der Könige (M.) und die Beschneidung des Herrn (r.).

# Der Stern von Bethlehem

Astronomische Erkenntnisse und archäologische Funde machen wahrscheinlich, dass die Sterndeuter aus dem Orient im Jahr 7 vor Christus eine besondere Sternenkonstellation gesehen haben: nämlich die Jupiter-Saturn-Konjunktion. Sie tritt nur alle 258 Jahre ein. Der Astronom Johannes Kepler war der erste, der die Erscheinung dieses „Sterns" nachweisen konnte.

1604 beobachtete Kepler, dass sich die Bahnen von Jupiter und Saturn in einem Zeitraum von neun Monaten dreimal sehr eng aneinander annähern. Für das menschliche Auge sah dies zur Zeit der Sterndeuter aus wie ein einziger großer Stern: der „Königsstern". Saturn galt im Altertum als Planet der Juden, Jupiter als der Planet des Herrschafts- oder Königtums. Die Konjunktion fand im Sternzeichen der Fische statt. Das Sternzeichen der Fische sah man damals in besonderer Beziehung zum Volk der Juden.

1925 grub Paul Schnabel am Euphrat einige Tonscherben aus, die Schriftstücke einer Sternwarte des damaligen Babylons waren. Auf einer von ihnen fand er alle astronomischen Ereignisse des Jahres 7 vor Christus genau aufgeführt, also auch die Sternen-Konjunktion.

Dass Jesus im Jahr 7 vor unserer Zeitrechnung geboren ist, machen auch andere außerbiblische Quellen wahrscheinlich. Sie bezeugen, dass der Volkszählerlass des Kaisers Augustus im Jahr 7 vor Christus verkündet worden ist. Außerdem ist König Herodes, der den kleinen Gottessohn umbringen lassen wollte, im Jahr 4 vor Christus gestorben.

## De Steern van Bethlehem

Dör de Künn van Astronomen un de Funnen van Archäologen könen wi driest annehmen, dat de Steerndüders ut de Orient in dat Jahr 7 vör Christus wahrschienelk en besünner Konstellation van Steerns sehn hebben: de Jupiter-Saturn-Verbinnen. De kummt blot all 258 Jahr vör. De Astronoom Johannes Kepler was de Eerst, de disse „Steern" nawiesen kunn.

1604 beoogde he, dat de Bahnen van Jupiter un Saturn in en Tiedruum van negen Maanten dreemaal heel dicht binanner komen deen. Dat sach to de Tied van de Steerndüders för dat minskelke Oog nettso ut, as wenn dat man blot een groot Steern was: de „Könengssteern". De Saturn gull in dat Ollerdoom as de Planeet van de Jöden, de Jupiter as de Planeet van de Heerskupps- of Könengsdoom. De Verbinnen geböhrde in dat Steernteken van de Fisken. Un dat Steernteken van de Fisken verbunnen de Lüü domaals vör all mit dat Volk van de Jöden.

1925 buddelde Paul Schnabel an de Euphrat en Stück of wat Kleipöddels ut. Dat wassen Schriftstücken van en Steernwarte ut dat oll Babylon. Up een van hör funn he all dat, wat de Astronomen in dat Jahr 7 vör Christus rutfunnen hebben, nipp un nau upföhrt, also ok de Verbinnen van de Steerns.

Dat Jesus in dat Jahr 7 vör uns Tiedreken up de Welt komen is, daar spreken ok anner Quellen buten de Bibel van. Se betügen, dat Kaiser Augustus in dat Jahr 7 vör Christus anörnt hett, dat dat Volk tellt worden sull. Butendeem is Köneng Herodes in dat Jahr 4 vör Christus doodbleven. Dat is de, de de lüttje Söhn van Gott umbrengen laten wull.

# 18. Dezember

## Ein Stern

Gott schenke dir einen Stern,
der zuverlässig deinen Weg erleuchtet
und deinem Leben
Ziel und Richtung gibt.
Möge dein Stern
deinen Willen herausfordern
und deine Kräfte fördern.
Möge er dich stets daran erinnern,
warum du unterwegs bist
und dir Mut machen,
wenn du aufstecken willst.
Sein freundliches Licht
erfülle dich mit Hoffnung
und führe dich auf der Erde
in himmlischer Bahn.

## En Steern

Gott gaff di en Steern,
de wiest di – daar kannst driest up an –
dien Padd
un gifft dien Levend Richt un Enn.
Dien Steern mag
dien Will herutfördern
un dien Krachten stark maken.
He sall di daar alltied an erinnern,
woso du unnerwegens büst,
un di Mood maken,
wenn du upgeven wullt.
Sien fründelk Lücht
maak di vull mit Hoop
un föhr di up de Eer
in de Himmelsspoor.

Die evangelisch-lutherische
Warnfried-Kirche in Osteel
ist überregional kunsthistorisch
bedeutend und umfasst Gegenstände
aus zehn Jahrhunderten.

Der Flügelaltar in der St.-Florian-Kirche in
Funnix weist niederländischen Einfluss auf.

# Die Weisen aus dem Morgenland

Das Matthäusevangelium (Kapitel 2,1 – 12) berichtet von „Magiern aus dem Osten", die nach Jerusalem gereist sind, um den neugeborenen König der Juden anzubeten. Schließlich werden sie von den Beratern des Königs Herodes nach Bethlehem geschickt. Dieser Bericht strahlt seit Jahrhunderten einen faszinierenden Glanz aus. Immer wieder haben Künstler diese erstaunliche Szene dargestellt: die reichen, fremden Männer, wie sie dort in Bethlehem ihre Knie beugen und das Christuskind anbeten; wie sie diesem kleinen Kind alle Kostbarkeiten des Orients schenken; wie der besondere Stern am Himmel steht.

Ein Kranz von Legenden hat sich über die Jahrhunderte um diese Sterndeuter aus fernen Landen gerankt. Man hat aus ihnen drei Könige gemacht. Man hat ihnen sogar Namen gegeben: Caspar, Melchior und Balthasar. Und so gehören sie auch zu jeder Weihnachtskrippe.

Wir wissen heute, dass damals in Babylonien ein großer Welten-König erwartet wurde, der ein goldenes Zeitalter herauführen sollte.
Weil sie seinen Stern am Himmel gesehen hatten, machten sich die Weisen auf die beschwerliche Reise nach Israel. Ihm wollten sie ihre kostbaren Geschenke bringen. Ihm wollten sie ihr Leben weihen. Sie waren bewegt von einer Mischung aus Ehrfurcht und Neugierde, aus Forscherdrang und Sehnsucht.

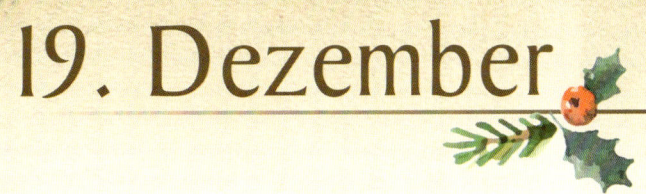

## De Wiesen ut dat Mörgenland

Matthäus vertellt uns in sien Evangelium van „Magiers ut de Orient". Se sünd na Jerusalem reist, um de Köneng van de Jöden antobeden, de nett even up de Welt komen is (Kapitel 2,1 bit 2). Uplest worden se van de Beraders van Köneng Herodes na Bethlehem stüürt. Disse Bericht strahlt siet Jahrhunnerten en heel besünner Glanz ut. Immer weer hebben Künstlers disse verwunnerlik Szene daarstellt: de riek, frömd Lüü, wo se daar in Bethlehem hör Knejen bugen un dat lüttje Christkind anbeden; wo se dit lüttje Kind all de Schatten ut de Orient schenken; wo de besünner Steern an de Himmel steiht.

En heel Rieg van Legenden over disse Steerndüders hett dat over de Jahrhunnerten geven. Ut hör sünd dree Könengs worden. Se hebben sogaar Namen kregen: Caspar, Melchior un Balthasar. Un so hören se to elke Wiehnachtskrübb.

Vandaag weten wi, dat domaals in Babylonien en groot Köneng verwacht wurr, de over de hele Welt regeren un en golden Tiedoller brengen sull. Umdat se de Steern an de Himmel sehn hebben, maakden sük de Wiesen up de lang un stuur Reis na Israel. Hum wullen se hör düür Gaven brengen. Hum wullen se hör Levend overgeven. Dat was gaar neet anners mögelk: Se mussen lostrecken un vör dit Kindje de Hood trecken – vull van Neeisgier, Förskerdrang un Lengen.

# 20. Dezember

## Wir Sterndeuter

Wir folgten dem Stern
und setzten unsere Füße
ins Ungewisse,
Schritt für Schritt
geführt
zu dem Kind
in irdischen Verhältnissen.

Nun folgen wir dem Kind
auf seinem Erdenweg,
weil wir wissen,
dass hinter
dem Sternenhimmel
eine gute Sonne
leuchtet.

## Wi Steerndüders

Wi gungen achter de Steern an
un settden uns Foten
in Unsekerheid,
Tree för Tree
van de Steern föhrt
na dat Kind hen
in all dat Dörnanner van disse Welt.

Nu folgen wi dit Kind
up sien Weg hier up de Eer,
umdat wi weten,
dat achter
de Himmel mit de Steerns
en wunnerbaar Sünn
lüchten deit.

Imposant: Die evangelisch-
lutherische Ludgeri-Kirche in Norden.
Das romanisch-gotische Bauwerk
wurde in mehreren Abschnitten vom
13. bis Mitte des 15. Jahrhunderts erbaut.

Die Heiligen Drei Könige Caspar, Melchior und Balthasar sind unverzichtbar in der Weihnachtskrippe.

# Die drei Könige

Was hat eigentlich dazu geführt, dass aus den Sterndeutern, die „aus dem Osten" kamen, drei Könige geworden sind?

Von ihnen heißt es (Matthäus 2,11): „Sie fielen nieder und beteten das Kindlein an und taten ihre Schätze auf und schenkten ihm Gold, Weihrauch und Myrrhe." Wegen der kostbaren Geschenke schrieb bereits Anfang des 3. Jahrhunderts ein Kirchenlehrer, dass die Weisen wie Könige aufgetreten seien. Dies weist in die gleiche Richtung wie eine Weissagung aus dem Alten Testament: Zu dem Messias werden einst heidnische Könige kommen, die ihm ihre Geschenke bringen (vgl. Psalm 72,10.11; Jesaja 60,3). Wegen der Anzahl von drei Geschenken schloss man später dann darauf, dass es eben drei Könige gewesen seien.

Auch die Dreizahl hat eine symbolische Bedeutung: Im 12. Jahrhundert dachte man im christlichen Abendland, dass die Welt aus drei Kontinenten bestehe, nämlich aus Europa, Asien und Afrika.

Man sah in den drei Königen aber auch die drei Lebensalter eines Menschen repräsentiert: Melchior, der Europäer, wurde als Greis dargestellt, Balthasar, der Asiate, als Mensch in der Lebensmitte, und Caspar, der Afrikaner, als der jüngste. Die Weisen aus dem Morgenland wurden also zu drei Königen, weil mit ihnen die gesamte Menschheit im Licht der Verheißung steht: „Alle Könige sollen vor ihm niederfallen und alle Völker ihm dienen" (Psalm 72,11).

## De dree Könengs

Wo is dat egentlik komen, dat ut de Steerndüders, de „ut de Oosten" kwemen, dree Könengs worden sünd?

Van hör heet dat in Matthäus 2,11: „Se gungen in de Knejen un beedden dat lüttje Kind an un maakden hör Schatten open un schunken hum Gold, Weehrook un Myrrhe." De düür Gaven wiesen daarup hen, dat de dree Wiesen so as Könengs uptreden sünd. Daarvan was al en Karkenmester an de Anfang van dat 3. Jahrhunnert overtüügt. Dat passt to en Wiessagen ut dat Oll Testament, waar dat in Pessalm 72,10 bit 11 un in Jesaja 60,3 heet: To de Messias sallen ins Könengs van de Heiden komen, de hum hör Gaven brengen.

Umdat dat dree Gaven wassen, de se mitbrochen, meende man later, dat dat jüüst dree Könengs wassen.

Ok de Tahl Dree hett as Symbool en Bedüden: In dat 12. Jahrhunnert doch man in dat christelke Avendland, dat de Welt man blot ut dree Kontinenten bestunn, dat wassen Europa, Asien un Afrika.

In de dree Könengs sach man aver ok dat Oller van en Minske in dree Phasen: Melchior, de Europäer, wurr as Greis vörstellt, Balthasar, de Asiat, as Minsk in de Levendsmidde, un Caspar, de Afrikaner, as de Jungste. Ut de Wiesen ut dat Mörgenland wurren also de dree Könengs, umdat mit hör de hele Minskheid in dat Lücht van de Prophetie steiht: „All Könengs sallen vör hum in de Knejen gahn un all Völker hum denen" (Pessalm 72,11).

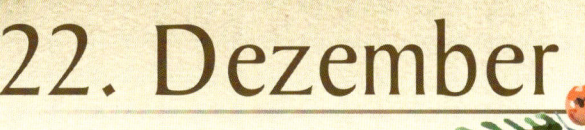
## Der König

Nicht zu mächtig,
um sich helfen zu lassen.
Nicht zu klug,
um nach Rat zu fragen.
Nicht zu stark,
um sich schützen zu lassen.
Nicht zu groß,
um niederzuknien
vor dem König der Könige,
der Stärke,
Weisheit
und Frieden
gibt.

## De Köneng

Neet to machtig,
um sük helpen to laten.
Neet to klook,
um na Raad to fragen.
Neet to stark,
um sük schulen to laten.
Neet to groot,
um in de Knejen to gahn
vör de Köneng van de Könengs,
de Starkde,
Wiesheid
un Free
gifft.

Eine mit viel Arbeitsaufwand liebevoll
gestaltete Weihnachtskrippe in der
katholischen St.-Ludgerus-Kirche in Norden.

Mit funkelndem Lichterzauber
lädt das barocke Schloss in
Dornum zur Wiehnachtstied.

# Das Jesuskind

Jesus ist Gottes ausgestreckte und geöffnete Hand für uns. In dieser Hand darf ich ein Kind Gottes sein; ich, mit meinen Schwächen und Fehlern; ich, der ich mich manchmal verrenne und dann nicht mehr weiter weiß; ich, der ich eines Tages durch das Nadelöhr des Todes hindurch muss. Wer Jesus begegnet, hat den gefunden, den er sein ganzes Leben lang gesucht hat.

Dietrich Bonhoeffer schreibt: „Von der Geburt eines Kindes ist die Rede, nicht von der umwälzenden Tat eines Mannes, nicht von der kühnen Entdeckung eines Weisen, nicht von dem frommen Werk eines Heiligen.

Worum sich Könige und Staatsmänner, Philosophen und Sittenlehrer vergeblich bemühen, das geschieht nun durch ein neugeborenes Kind. Ein Kind, von Menschen geboren, ein Sohn, von Gott gegeben; alles Vergangene und alles Zukünftige ist hier umschlossen. Die unendliche Barmherzigkeit des allmächtigen Gottes lässt sich zu uns herab in der Gestalt eines Kindes, seines Sohnes. Dass uns dieses Kind geboren, dieser Sohn gegeben ist, dass mir dieses Menschenkind, dieser Gottessohn gehört, dass ich ihn kenne, ihn habe, ihn liebe, dass ich sein bin und er mein ist, daran hängt nun mein Leben."

## Dat Jesuskind

Jesus is de utreckt un open Hand van Gott för uns. In disse Hand dür ik en Kind van Gott wesen; ik, mit all mien Swackheid un mien Fehlers; ik, de ik mi mennigmaal vertüdeln doo un dann neet mehr wieder weet; ik, de ik enes Daags dör dat Nadeloog van de Dood gahn mutt. Well Jesus möten deit, de hett de funnen, de he sien Levend lang söcht hett.

Dietrich Bonhoeffer schrifft: „Van de Geburt van en Kind word hier proot, neet van de Daad van en groot Mann, de alls up de Kopp stellt; neet van de Entdeckung van en klook Minsk; ok neet van dat froom Wark van en Hilligen.

Daar, waar Könengs un Staatslüü, Philosophen un Sittenmesters vergevens achteran sitten, dat geböhrt nu dör en Kind, dat up de Welt kummt. En Kind, van en Minsk geboren, en Söhn, van Gott geven; alls, wat west is, un alls, wat vör uns liggt, is hier umsloten. De allmachtige Gott, de good is sünner Enn, lett sük na uns andaal in de Gestalt van en Kind, van sien Söhn. Dat dit Kind för uns geboren is, uns disse Söhn geven is, dat mi dit Minskenkind, disse Gottssöhn hören deit, dat ik hum kennen doo, hum hebb, hum leev hebb, dat ik sien bün un he mien is, daar hangt nu mien Levend an."

## Das Kind

geboren unter
den Machenschaften der Mächtigen
das Kind
geboren unter
widrigen Umständen
das Kind
geboren
für Maria und Josef
das Kind
geboren
für Menschen am Rande
das Kind
geboren
zur Freude der Engel
das Kind
geboren,
damit wir Gottes Kinder werden
das Kind

## Dat Kind

up de Welt komen unner
de Knepen van de Machtminsken
dat Kind
up de Welt komen unner
fiese Umstannen
dat Kind
up de Welt komen
för Maria un Josef
dat Kind
up de Welt komen
för Minsken an de Rand
dat Kind
up de Welt komen
as Freid för de Engels
dat Kind
up de Welt komen,
so dat wi Gott sien Kinner worden
dat Kind

Einer der Altarflügel (um 1500) in
der St.-Paulus-Kirche in Filsum
zeigt die Anbetung des Jesukindes
durch Maria und die Engel.

Weihnachtsbaum in der
evangelisch-reformierten
Pilsumer Kreuzkirche.

Titelfoto: Die Doppelmadonna im Strahlenkranz aus dem 15. Jahrhundert in der evangelischen Martin-Luther-Kirche Bagband.
Foto Rückseite: Der holzgeschnitzte Altar aus dem 15. Jahrhundert in der evangelisch-lutherischen St.-Marien-Kirche in Buttforde.

⚓ Ostfriesland Verlag – SKN

Autor: Reinhard Ellsel
Plattdeutsche Übersetzung: Dr. phil. Wilfried Zilz
Fotografie: Ute Bruns, Martin Stromann
Foto Seite 16/17: Bianca Ites-Buck
Bildtexte: Holger Bloem

2. geänderte Auflage 2022
ISBN 978-3-944841-70-0

Bibliografische Information der Deutschen Nationalbibliothek: Die Deutsche Nationalbibliothek verzeichnet diese Publikation in der Deutschen Nationalbibliografie; detaillierte bibliografische Daten sind im Internet über http://dnb.dnb.de abrufbar.

Verlagsanschrift: Stellmacherstraße 14, 26506 Norden
Internet: www.skn.info – E-Mail: buchshop@skn.info

Lektorat: Dr. phil. Wilfried Zilz, Holger Bloem,
Lektorat Plattdeutsch: Ilse Gerdes und Anita Willers
(Plattdüütskbüro Ostfriesische Landschaft)
Umschlaggestaltung / Layout: Wiebke Jacobsen
Produktion: Holger Bloem, Martin Stromann
Bildbearbeitung: Rafael Sobczyk, Victoria Danielyan
Grundschrift: Myriad Pro Light

Druck und Gesamtherstellung:
SKN Druck und Verlag GmbH & Co. KG / Ostfriesische Presse Druck GmbH

Fotos: SKN-Bildarchiv, Ute Bruns und Martin Stromann
© ⚓ Ostfriesland Bild – SKN Druck und Verlag GmbH & Co. KG 2021/2022

Wir danken folgenden Institutionen für
die freundliche Unterstützung:

Plattdüütsch in de Kark

Partner der Deutschen Bibelgesellschaft